Schwebende Zukunft

... Da schickt der Löwenzahn
Seinen Samen fort in die Luft.
Der ist so leicht wie Duft
Und sinnreich rund umgeben
Von Faserstrahlen, zart wie Spinneweben.

Luftglücklich leicht.
Wird sich sanft wo in Erde betten.
Und im Nächstjahr stehn
Dort die fetten, goldigen Rosetten,
Kuhblumen, die wir als Kind übersehn. (...)

Joachim Ringelnatz
(1883 – 1934), gekürzt

Löwenzahn
aromatisch und gesund

von
Grit Nitzsche

Trotz gewissenhafter Bearbeitung kann eine Haftung für den Inhalt nicht übernommen werden. Für aktuelle Ergänzungen und Anregungen ist der Verlag jederzeit dankbar. Wir bedanken uns bei allen, die uns unterstützt haben.

Impressum

Gerichtsweg 28, 04103 Leipzig
Tel.: 0341 / 493574-0, Fax: 0341 / 493574-40
www.buchverlag-fuer-die-frau.de

Bildnachweis: S. 128
Einband und Satz: Uta Wolf, Quedlinburg
Druck: Druckhaus Gera
Bindearbeiten: Müller Buchbinderei Gerichshain
Printed in Germany

2. Auflage 2022

ISBN 978-3-89798-596-4

Inhalt

Geliebte Pusteblume

Wenn es eine Pflanze gibt, die jeder seit frühesten Kindertagen kennt, dann ist es der Löwenzahn. Und der Gedanke an sonnengelb blühende Wiesen und die Schirmchen, die wir mit einem tiefen Atemzug davonpusten, zaubert Groß und Klein ein Lächeln ins Gesicht. Das schwindet bei den Großen aber schnell wieder, wenn ihnen die braun verklebten Finger und T-Shirts einfallen und sie an die hartnäckige Wurzel zwischen den Gehwegplatten denken. Schade, denn Löwenzahn hat so viel mehr zu bieten und seit Jahren denke ich bei meiner Arbeit als „Kräuterhexe", ich müsste den Großen und den Kleinen den Löwenzahn wieder neu ans Herz legen – den Kleinen, die heute nicht mehr automatisch beim Spielen das Kranzbinden lernen und den Großen, die statt beim Ärgern über das Unkraut die Galle aufsteigen zu lassen, diese damit kurieren sollten.

Für mich ist Löwenzahn vor allem vertraut und gleichzeitig immer von neuem faszinierend. Nie werde ich vergessen, wie mich auf einem Abendspaziergang pudelnasse Pusteblumen beeindruckt haben, die ein Regenschauer zuvor nicht kaputt machen konnte, aber veranlasst hat, die Schirme zuzuklappen. Vor mir stand eine ganze Wiese voll borstiger weißer Igelkugeln, wie ich sie nie wahrgenommen hatte. Und wer hat sich nicht schon über die unglaubliche Vielfalt an Blattformen gewundert, die diese Pflanze haben kann. Vor allem aber ist es inzwischen ein wunderbares Gemüse für mich, das von selber wächst und das ich jedem empfehlen kann ohne die Angst, dass es zu Hause jemand verwechselt. Löwenzahn lohnt jedenfalls eine Neuentdeckung und dazu lade ich Sie mit diesem Büchlein ein!

Eine Pflanze, viele Namen

Löwenzahn gilt im deutschen Sprachraum als die Pflanze mit den meisten Namen. Er kommt quasi überall vor und hat oder hatte in jeder Gegend einen anderen Namen. In der Tierwelt bekam nur das Marienkäferchen ähnlich viele Bezeichnungen. Alle diese alten und althergebrachten Namen haben natürlich irgendwie mit der Pflanze zu tun, und das aus sehr verschiedenen Blickwinkeln. So kann man wohl die meisten Bezeichnungen folgenden Gruppen zuordnen:

Beschreibung des Aussehens

Röhrlblume bezieht sich auf die hohlen Stängel.

Rahmstock oder **Milchstock** verraten, dass die Pflanze Milchsaft enthält.

Mönchskopf ist eine heute weitgehend ungeläufige Bezeichnung für den Löwenzahn, die die Ähnlichkeit des leeren Blütenbodens mit einer Mönchstonsur beschreibt. Wenn sich alle Samenschirmchen davongemacht haben, bleibt nur eine kahle Fläche, umgeben von trockenen Kelchblättern. Dass dieser Name kaum noch genutzt wird, liegt aber vermutlich an den fehlenden Vorbildern dafür, nicht am Löwenzahn.

Mönchskopf

Beschreibung der Eigenschaften und Vorlieben

Hundeblume oder **Kuhblume** verraten, dass Löwenzahn ein Stickstoffsammler ist und gern auf bestens ge- oder überdüngten Flächen vorkommt. Die Verwendung kann zeigen, ob jemand oder dessen Vorfahren in der Stadt oder auf dem Land groß geworden ist, je nachdem, wer den Dünger für den Löwenzahn verursacht hat.
Die Namen **Maistock** oder **Maiblume** geben Auskunft über die Blütezeit, kommen aber aus Regionen ohne Laubwälder, sonst wäre die Namensähnlichkeit zum dort vorkommenden Maiglöckchen zu groß.

Beschreibung der Verwendung

Butterblume ist ein Name für den Löwenzahn, der aus Gegenden mit sehr armen Böden stammt, also aus Mecklenburg und bestimmten Regionen Pommerns. Während in den meisten deutschen Gebieten der giftige Hahnenfuß so bezeichnet wird, hat man dort, wo das Vieh nur magere Weiden hatte und darum auch keine fettreiche Milch geben konnte, die ausgezupften Kronblätter des Löwenzahns der Milch beim Buttern beigegeben. Sie sind so reich an Pollen, dass sie gut gelb färben und damit gelbe, also vermeintlich fettreiche – gute Butter entstand. Wer diesen Namen heute noch für den Löwenzahn kennt, dessen Vorfahren stammen bestimmt aus einer entsprechenden Gegend. **Pusteblume** ist wohl die geläufigste Bezeichnung für eine Verwendung von Löwenzahn. Wer hat sich nicht als Kind darüber gefreut, die Schirmchen durch kräftiges Pusten auf die Reise zu schicken?

Beschreibung der Wirkung

Wie im Französischen der Name **Piss on lit** recht verbreitet ist, verwendet man im Süddeutschen auch die Bezeichnungen **Bettpisser** oder **Bettseicherblume**, um die nierenanregende Wirkung und deren Folgen zu beschreiben.

Eine Pflanze botanisch

Der Löwenzahn ist eine mehrjährige, ausdauernde, krautige Pflanze. Die Wurzel ist eine bis zu 1 m lange helle Pfahlwurzel mit dunkelbrauner Rinde, die bei Verletzung dazu neigt, sich zu teilen und mehrere Blattrosetten zu bilden. Die dunkelgrünen länglichen Blätter stehen in einer grundständigen Rosette und sind unterschiedlich stark gelappt und gezähnt.

Die Blüte des Löwenzahn, eigentlich eine Scheinblüte, ist ein Blütenstand aus unzähligen gelben Zungenblüten, umgeben von grün bleibenden Hüllblättern und nach hinten abstehenden, später vertrocknenden Hochblättern. Dieses Blütenkörbchen steht auf einem bis zu 60 cm langen blattlosen Röhrenstiel. Die gelben Zungenblüten erblühen in Kreisen von außen nach innen. Danach schließen sich die Hüllblätter für einige Tage, während sich die schlanken Samen entwickeln, jeder mit einem behaarten Schirmchen, Pappus genannt. Mit ihrer Hilfe verbreiten sich die Samen bei trockenem Wetter durch den Wind.

Blütezeit ist normalerweise zwischen Anfang April und Anfang Juni, gelegentlich wird aber eine zweite Blüte im September beobachtet. Regen oder auch schon Wolkenschatten

sorgt dafür, dass sich der Blütenkopf schließt und auch die Samenschirmchen reagieren auf Feuchtigkeit, indem sie sich schließen.

Die Pflanze enthält in allen Teilen weißen Milchsaft, der nach dem Austreten zu einer braunen gummiartigen Masse trocknet.

Eine Pflanze mit Charakter

Löwenzahn ist eine Pflanze von gegensätzlichem Wesen, gleichzeitig fleischig-fett und grazil, mit speckig glänzenden Blättern und einer „Pusteblume". Er schmückt sich mit einem wunderbar sonnigen Gelb, das wir trotzdem eher nicht als Blumenstrauß nach Hause tragen. Er kommt mit fast jedem Boden zurecht, reagiert aber mit seiner Blattform ganz sensibel auf seinen Standort. Und mit dessen Wahl beweist der Löwenzahn auch große Flexibilität und Zähigkeit, denn überdüngte Flächen, die von vielen anderen Arten längst gemieden werden, sind ihm genauso recht wie magere Mauerritzen und Asphaltspalten. Er kommt auf Meereshöhe ebenso vor wie in den Anden über 3800 Meter.

Löwenzahn bietet Weidetieren gehaltvolles Futter und liebt den Dünger, den diese wieder fallen lassen. Die Blüten spiegeln die Sonne, öffnen sich aber bei Regen gar nicht erst und schließen sich auch schon, wenn Wolken über die Wiese ziehen. Sie sind nektarsüßes Bienenfutter, duften aber nicht und ihr großer, leuchtend gelber Frühlingsauftritt macht sie jedem bekannt, obwohl die Pflanze klein ist und sich für den Rest des Jahres eher zurückhält.

Eine Pflanze ökologisch

Ökologisch bedeutsam ist Löwenzahn vor allem, weil seine lange Pfahlwurzel in der Lage ist, Böden tiefgründig zu durchdringen und damit zu lockern, er durchbricht sogar Pflugsohlenverdichtung und durchdringt Asphaltdecken. Zudem werden mit Hilfe der langen Wurzel Mineralien aus tiefen Bodenschichten nach oben gebracht und dem Vegetationskreislauf zugeführt. Außerdem verhilft sein Stickstoffhunger überdüngten Böden zur Gesundung. Andererseits sorgt seine auf dem Boden aufliegende Blattrosette dafür, dass der Boden sich schlechter erwärmt und Feuchtigkeit darin zurückgehalten wird. Maikäferlarven fehlt damit auf ausgeprägten Löwenzahnwiesen der Wärmereiz, um rechtzeitig ins Käferstadium zu wechseln, anderen Wildkräutern fehlt das Licht, um neben dem Löwenzahn zu bestehen. Diese Differenzen gleichen sich erst wieder aus, wenn der Boden an einem Standort magerer und der Löwenzahn damit spitziger und auch seltener wird.

Durch seine zeitige reiche Blüte ist er im Frühling eine hervorragende Bienenfutterpflanze.

Eine Pflanze von genetischer Vielfalt

Schon diese Überschrift ist nicht korrekt. Seit Wissenschaftler selbst unsere Allerweltspflanzen auf ihr Genom hin untersuchen, ist klar, dass das, was der Laie als Löwenzahn kennt, eine riesige Gruppe genetisch verschiedener Pflanzen ist. Diese Pflanzen vermehren sich teilweise geschlechtlich durch Bestäubung. Zum anderen Teil vermehren sie sich aber auch ungeschlechtlich, d. h. sie geben all ihr Erbgut an genetische Klone weiter, die dadurch laut wissenschaftlicher Definition jeweils eine eigene Art bilden. Diese Untersuchungen und Nachweise füllen inzwischen ganze wissenschaftliche Bände, sodass man in den Beschreibungen wohl alles von einer bis über 400 Arten finden kann. Und mehrere davon stehen üblicherweise auch auf EINER Wiese nebeneinander.

Sicher ist bei all dem für mich nur, dass die Beobachtung aus Kindertagen, dass Löwenzahn soooo verschiedene Blätter hat, nichts über seine genetische Zugehörigkeit aussagt. Er ist einfach erstaunlich anpassungsfähig: Auf oft gemähten Wiesen zieht er den Kopf ein, in hohen Beständen reckt er sich, in der Sonne entwickelt er schmale, im Schatten dagegen breite Blätter ...

Eine Pflanze mit großer Verwandtschaft

Löwenzahn gehört zur Familie der Korbblütler, und damit in die gleiche Pflanzenfamilie wie Gänseblümchen und Sonnenblume, Huflattich, Ringelblume und Kamille. Aber die Familie ist riesig und einige Vertreter sind dem Löwenzahn gar nicht unähnlich. Oft werde ich darum bei einem Wiesenstreifzug nach der Löwenzahnblütezeit gefragt: „Sieht auch aus wie Löwenzahn, was ist das?" Gut beobachtet, es ist eben nicht Löwenzahn

Gewöhnliches Ferkelkraut

(*Taraxacum*). Und dann kommt doch noch Verwirrung auf, denn die deutsche Sprache ist die einzige, die die Gattungen *Taraxacum* und *Leontodon* beide als Löwenzahn bezeichnet und zu allem Überfluss bedeutet der lateinische Gattungsname der Pflanze, die der Laie als „nicht ganz richtigen Löwenzahn" identifiziert hätte, auch noch Löwenzahn (*leon* = Löwe und *odous* = Zahn).

Die Pflanzen dieser Gattung sind meist zarter gebaut und weisen eine Reihe von Merkmalen auf, die eine sichere wissenschaftliche Unterscheidung von *Taraxacum* möglich machen. Zusammen mit Pflanzen wie *Wiesenpippau*, *Wiesenbocksbart* (siehe Foto) und *Ferkelkraut* werden sie

gelegentlich als „Löwenzahnartige" umschrieben und die gute Nachricht für alle interessierten Kräuterköche und Heilkundler lautet: Keine der Spezies, die man in dieser Gruppe zusammenfassen kann, ist giftig! Wenngleich sie bei weitem nicht alle die gleichen kulinarischen und heilkräftigen Eigenschaften und Potenziale haben, wären doch mögliche Verwechslungen immerhin ungefährlich. Allerdings sollte man sie sicher von den *Kreuz- und Greiskräutern* unterscheiden können, die *giftig* sind! Das gelingt am besten anhand der Blüten. Die der Kreuzkräuter sind ungefüllt und stehen dolden- oder rispenartig aus mehreren Einzelblüten zusammengesetzt am Stiel.

Eine Pflanze als Weltbürger

Vom Löwenzahn wird gesagt, er stammt aus Vorderasien. Heute ist er auf der gesamten nördlichen Halbkugel verbreitet und die Verbreitung durch den Menschen hat dafür gesorgt, dass er sich auch auf einigen Teilen der Südhalbkugel wohlfühlt.

Seine unverwechselbaren leuchtenden Blüten und die Tatsache, dass er da, wo er vorkommt auch sehr verbreitet auftritt, machen ihn überall wohlbekannt. Im Gegensatz zu anderen Wildkräutern, die trotz ihres häufigen Auftretens oft gar nicht zur

Kenntnis genommen werden, kennt den Löwenzahn jedes Kind in den Teilen der Welt, wo er wächst – er gehört dazu. So haben z. B. auch Russland, England und Spanien zahlreiche Namen für diese Pflanze. Man kennt ihn in den höheren Lagen der Anden ebenso als aromatisches Bittermittel, wie in ganz Europa und als Frühlingssalat in den Alpen wie auch im Ural oder in den Rocky Mountains.

Pusteblumen-Springbrunnen in Rom

Eine Pflanze als Rohstoff

Bereits in den 1930er Jahren erforschte die Sowjetunion Alternativen zur Gewinnung von Naturkautschuk u. a. aus Löwenzahn, wenig später betrieb auch das Deutsche Reich eine entsprechende Forschungsstelle mit dem gleichen Ziel. Dabei entdeckte man die besonderen Eigenschaften des Milchsaftes von **Russischem Löwenzahn** (*Taraxacum kok-saghyz*, auch *Taraxacum koksaghyz*), dessen Nutzung Anfang der 1940er Jahre bereits fast ein Drittel des sowjetischen Kautschukbedarfs deckte. Nach dem Krieg wurden die Forschungen dazu jedoch eingestellt. Erst seit einigen

Jahren wird in Europa und Nordamerika wieder an der Verwertung dieser Rohstoffpflanze geforscht. Der Russische Löwenzahn wäre eine umweltfreundliche Alternative, um die weitere Regenwaldabholzung zu Gunsten der Anpflanzung von Kautschukbäumen oder die problematische petrochemische Erzeugung von Kautschuk zu vermeiden.

In Deutschland sind derzeit vor allem Fraunhofer-Institute und der Reifenhersteller Continental in dieser Forschungsrichtung engagiert. 2019 konnte die Continental Reifen Deutschland GmbH mit dem Urban TARAXAGUM® den ersten in Serie gefertigten Fahrradreifen aus Löwenzahnkautschuk präsentieren. Wenn die Entwicklung weiterhin so positiv voranschreitet, könnten in wenigen Jahren auch Auto- und LKW-Reifen aus Löwenzahn vom Band rollen.

Die Gummiblume aus Kasachstan

Eine Pflanze als Heilmittel

Die im Löwenzahn enthaltenen **Inhaltsstoffe** sind Bitterstoffe, daneben Triterpene und Flavonoide. Löwenzahn ist reich an Mineralien und Spurenelementen, vor allem an Kalium. Daneben ist der hohe Gehalt an Inulin (in den Herbstwurzeln bis zu 40 %), Fructose und Schleimstoffen zu erwähnen.

Wirkung

Obwohl Löwenzahn in der Schulmedizin nahezu keine Verwendung findet

und auch die klassische Phythotherapie ihn eher selten einsetzt, zeigen seine Inhaltsstoffe, dass die Anwendungen der Pflanze in der Volksmedizin berechtigt und wirksam sind.
Die Bitterstoffe im Löwenzahn wirken appetitanregend und allgemein kräftigend. Sie fördern den Speichelfluss und zugleich die Magensaft- und Gallensekretion. Damit werden Appetitlosigkeit, Blähungen, Völlegefühl und Verstopfungen ebenso effektiv behandelt wie Magen-, Leber- und Gallenbeschwerden. Studien haben z.B. inzwischen gezeigt, dass Gallensteinneubildungen oder -vergrößerungen aufgehalten werden können, wenn zweimal jährlich eine Löwenzahnkur gemacht wird.

Auf Grund der diuretischen, also harntreibenden Eigenschaften ist er außerdem geeignet für eine Durchspülungstherapie bei Stoffwechselerkrankungen wie Gicht und Rheuma, bei unreiner Haut, Bindegewebsproblemen und als vorbeugendes Mittel bei Neigung zu Nierengries und -steinen.

Seine wassertreibenden und gleichzeitig Galle anregenden und Leber stärkenden Eigenschaften machen ihn bestens für Frühjahrskuren einsetzbar.

Das in der Wurzel enthaltene Inulin hat nachweislich blutzuckersenkende Wirkung.

Gegenanzeigen

Aber auf Grund dieser Eigenschaften darf Löwenzahn nicht eingesetzt werden bei Nieren- oder Gallensteinen, bei Funktionsstörungen von Leber oder Galle, Eiteransammlungen in der Galle oder Störungen des Gallensaftabflusses wie Entzündung oder Verschluss der Gallenwege oder Darmverschluss. Darüber hinaus könnten die Bitterstoffe zu Magenproblemen durch Übersäuerung führen. Das Inulin hat möglicherweise blähende Wirkung und zu häufiger Hautkontakt mit dem Milchsaft steht im Verdacht, eine Kontaktdermatitis auszulösen.

Anwendungen

Medizinisch angewendet wird Löwenzahn als **Tee** aus den getrockneten Blättern und Wurzeln, als **Tinktur** (alkoholischer Auszug) aus der frischen oder getrockneten Pflanze oder als **Frischpflanzenpresssaft**, der als am wirksamsten gilt.

Für den **Tee** setzt man 1 bis 2 TL Droge mit ¼ l kaltem Wasser zum Kochen an, lässt es kurz aufkochen und dann noch 10 Minuten ziehen.
Der **Presssaft** lässt sich mit einem guten Entsafter oder auch mit einem Fleischwolf selbst herstellen, ist sauber verarbeitet und keimfrei abgefüllt einige Tage im Kühlschrank haltbar.

Gleichgültig, ob als Tee oder Presssaft wird Löwenzahn kurmäßig für **4 bis 6 Wochen** angewendet.

Zur Frühjahrskur oder bei entsprechenden Problemen wird er 2- bis 3-mal täglich vor den Mahlzeiten eingenommen: je 1 Tasse frisch gebrühter Tee oder 1 EL Presssaft 1:5 in Milch, Apfelsaft oder Wasser.

Eine bittere Medizin, wobei nicht unbedingt gilt, dass Medizin bitter schmecken muss. Aber bittere Medizin muss man schmecken! Da die Verdauung eine Kaskade ist, bei der die Gallesaftsekretion auf die Magenaktivität und diese auf dem Speichelfluss aufbaut, müssen die wirksamen Bitterstoffe auch bereits im Mund- und Rachenraum ankommen, um die

Körperreaktionen zu aktivieren. Darum immer schluckweise trinken.

Auch das homöopathische Mittel **Taraxacum** wird bei Erkrankungen des Magen-Darm-Traktes und des Leber-Galle-Systems genutzt.
Die Volksmedizin kennt außerdem die Empfehlung, zur Leber- und Gallenstärkung während der Blütezeit (2 bis 3 Wochen) täglich 3 bis 5 **Blütenstiele** zu essen und sie dabei gut zu kauen.
Zur Blutzuckersenkung kann man ein etwa knoblauchzehengroßes Stück **frische Wurzel** täglich essen, wobei sich der Effekt nach einigen Tagen deutlicher zeigt und ggf. bei einer Medikamentierung berücksichtigt werden

muss, um nicht zu unterzuckern! Größere Mengen als diese führen gegebenenfalls zu Blähungen und Darmreizungen, aber nicht zu viel größerem Nutzen!
Und während die medizinische Anwendung für Magen, Darm und Galle wie erwähnt nur kurmäßig erfolgen sollte, ist die Optimierung des Blutzuckerspiegels stetig sinnvoll. Berücksichtigen sollte man aber, dass Herbstwurzeln deutlich stärker wirken als gelagerte oder im Frühling ausgegrabene.

Eine Pflanze als Sammelgut

Egal, welche Pflanzenteile man verwerten will, beim Sammeln sollte man immer bedenken, dass die Pflanze ein Stickstoffliebhaber und -sammler ist. Wo zu viel und zu stattlicher Löwenzahn auf einmal zu finden ist, sollte man sich an seine Beinamen Kuh- oder Hundeblume erinnern und die Ursachen des prächtigen Wachstums ergründen, bevor man erntet. Auch das Bild von schneeweiß blühenden Obstbaumzweigen über einer dottergelben Löwenzahnfläche spricht für eine Obstplantage, nicht für eine

Streuobstwiese. Zum Sammeln sollten Sie so überdüngte Flächen meiden.
Für die Tee- oder Presssaftbereitung werden die Wurzeln samt der Blätter, aber möglichst vor der Blütezeit gestochen und entweder frisch verarbeitet oder von der Wurzel her gespalten, um sie besser und schneller trocknen zu können.
Blätter für Speisezwecke werden nur in der kurzen Zeit zwischen dem Austrieb und dem Beginn der Blüte gesammelt, dann sind sie am mildesten.
Je früher man die Knospen erntet, desto mühsamer, aber umso besser ist auch die Konsistenz des Erntegutes. Je länger die Stiele, desto weicher sind auch die Knospen schon.

Für die Blütenernte sollte man von einem vollsonnigen Tag den Vormittag wählen. Es ist gut, wenn es vorher lange nicht geregnet hat und die vielen ebenfalls interessierten Insekten noch nicht zu viel Gelegenheit hatten, ihre eigene Pollenernte davon zu schleppen.

Eine Pflanze im Garten

Meist ist der Löwenzahn im Garten ein ungeliebtes Unkraut, und wer es sich zur Aufgabe gemacht hat, ihn dort auszurotten, der kann wohl Sisyphos die Hand reichen. Die langen Wurzeln sind beim Ausgraben kaum vollständig zu erwischen und sie haben die Fähigkeit, sich selbst aus einem verbliebenen Rest zu regenerieren, wenn der Spross fehlt. Dann treibt die Wurzel meist sogar mehrere neue Vegetationspunkte aus.

Wer einen Löwenzahnbestand reduzieren will, sorgt am besten für das Ausmagern der betroffenen Flächen und verhindert vor allem im Frühling allzu zahlreiche Angriffe der „Fallschirmtruppen".

Andererseits wird die Pflanze auf dem Speiseplan immer beliebter und darum lohnt es sich durchaus, ihr ein Eckchen im Gartenbeet zu reservieren. Für den Anbau eignet sich vor allem humoser, relativ leichter und tiefgründiger Boden, wie ihn z. B. ein Hochbeet bietet. Von sonnig bis halbschattig ist jeder Standort geeignet, wobei schattigere Bedingungen sowohl mehr als auch mildere und damit bekömmlichere Blattmasse hervorbringen. Dagegen können die Wurzeln an sonnigeren Standorten aber stärkereicher werden.

Ausgesät werden kann sowohl zur „Pusteblumenzeit" im Frühling wie auch im September. Dabei sollten die Samen auf die vorbereitete Fläche oder in der Saatschale nur aufgestreut und dünn mit Erde bestreut werden – weder tief einsäen noch unbedeckt lassen. Sobald die Pflänzchen aufgehen, muss im Beet unbedingt auf mindestens Handbreite verzogen werden. Wenn man aus der Saatschale pikiert, sollte das früh genug geschehen. Sobald die Wurzel nach unten anstößt, neigt sie zum beinig werden, also zur Ausbildung von zu großen Seitenwurzeln. Pflanzabstände sind etwa 15 cm x 15 cm.

Eine Pflanze und ihre stattlichen Doppelgänger

Wer im Süden, in Italien oder Spanien, auf dem Wochenmarkt beindruckendem Löwenzahn von 60 cm und mehr Blattlänge begegnet, steht eigentlich vor einer Zichorienzüchtung, die optisch dem Löwenzahn ähnelt. Von dieser Blattzichorie, die die Italiener *Catalogna* nennen, werden die grünen oder gebleichten Blätter ebenso zubereitet wie die Blattstiele.

In der Gegend um Rom ist der Salat mit einem Dressing von Olivenöl, Zitronensaft, Knoblauch und Kapern eine typische Spezialität.

Leicht gegart bereichert dieses Gemüse Pastagerichte, Risotto, Gemüsepfannen usw.
Etwas ganz Besonderes sind zudem die saftig-bitteren Triebspitzen dieser Chicorreevariante, die in Italien als *Puntarelle* auf den Markt und auf den Teller kommen und deutsche Gärten und Gaumen gerade unter dem Namen *Vulkanspargel* (im Foto S. 64/65) zu erobern versuchen.

Eine Pflanze als Speise

Auch wenn die Verwendung von Löwenzahn als Speise im deutschen Sprachraum längst nicht mehr geläufig ist, hat sich doch durch den ungebrochenen Trend der letzten Jahre hin zur Wildpflanzenernährung herumgesprochen, dass man die **Blätter** einem Smoothie oder Salat beigeben kann, solange sie jung sind. Da ist es schon erstaunlich, dass sich nicht inzwischen auch die erwähnte Zuchtversion der Zichorie mit ellenlangen, aber weniger bitteren Blättern als Handelsware durchsetzt, die man auf italienischen und spanischen Wochenmärkten allenthalben finden

kann und die durch den Klimawandel inzwischen auch hier gedeiht.
Allerdings sind die Blätter der heimischen Wildpflanzen tatsächlich so bitter, dass ich ihren Verzehr auf meinen Kräuterführungen nicht empfehle. Gelegentlich werde ich dann von jenen, die es dennoch tun, auf das Versäumnis hingewiesen. Aber ich will ja Mut machen und Erfolge haben, niemanden abschrecken – und bittere Speisen tun das leider nur zu oft. Darum kommt es auf die richtige Zubereitung an: Fett und auch Wasser können Bitterstoffe binden und im Essen so verteilen, dass es weit wohlschmeckender wird. So sind die Blätter besser aufgehoben in lauwarmen Salaten mit Speck oder Mayon-

naise als in mageren Wildkräutermischungen.

Und schließlich gibt es ja noch die selbst unter Gärtnern und Selbstversorgern fast völlig in Vergessenheit geratene Technik des **Bleichens**, obwohl den Effekt selbst Nichtcamper von der Wiese unter dem Zeltboden kennen, wo alles Gewachsene nach ein paar Tagen gelb geworden ist. Weil Bitterstoffe fast ausschließlich in den (dunkel)grünen Pflanzenteilen zu finden sind, ist Lichtentzug eine früher sehr gebräuchliche Technik zur Geschmacksverbesserung gewesen, die man heute meist nur noch vom in völliger Dunkelheit kultivierten Chicorée kennt. Aber das geht sehr gut auch mit Löwenzahn.

Am einfachsten ist es, Löwenzahn während des Austriebes im Frühling im Garten mit einem schweren Tontopf zu bedecken, damit er darunter bleiche Blätter treibt. Dann braucht es für gute Ernte aber viele Töpfe. Effektiver ist es, die im Spätwinter ausgegrabenen Wurzeln in feuchten Sand einzulegen und im dunklen, aber nicht zu kalten Keller (oder mit einem zweiten dunklen Eimer als Deckel auch in der warmen Küche) vorzutreiben. Je nach Zeitpunkt und Temperatur hat man schon 4 bis 7 Tage später milden Bleichsalat.

Die viel milderen **Blütenknospen** haben mehr Struktur und lassen sich viel leichter zubereiten, ohne zusammenzufallen. Sie sollten meines

Erachtens Karriere als „Wiesenrosenkohl" oder wilde Erbsen machen. Sie lassen sich zur rechten Zeit schnell genug ernten und wenn man vorsichtig mit der Hitzezufuhr umgeht, damit sie Biss behalten, kann man sie auch blanchiert einfrieren, einwecken oder in verschiedenen Marinaden haltbar machen, um die kurze Saison zu verlängern. Erntet man sie aus der Rosette dicht am Boden, sind sie am festesten, die Kelchblätter haben sich noch nicht abgespreizt und man geht peinlichen Verwechslungen oder Nachfragen am Tisch aus dem Weg, wie sie bei uns auf dem Kräuterhof schon vorgekommen sind. Auf einer unserer Unkrautpizzen lag eine Knospe mit abgespreizten Kelchblätter„beinchen" auf dem Rücken, war bereits mitgebacken und veranlasste einen unserer Gäste zu der Aussage: „Da sinn ja Käfer droff!" Natürlich nicht, aber vielleicht sollten Sie die Zutatenliste Ihrer Löwenzahnknospenspeise auch vorher kundtun ...

Löwenzahnwurzeln sind Speicherwurzeln, die dazu dienen, den Winter zu überstehen und im Frühling schnell zu sein. Darum haben sie im Laufe des Jahres sehr verschiedene Qualitäten und Inhaltsstoffe, die auch ihre Küchentauglichkeit beeinflussen. Im Allgemeinen ist Wurzelerntezeit in den Monaten, wenn die Kraft unter der Erde steckt, also keine saftigen Blätter vorhanden sind. Aber die im Spätherbst geernteten Wurzeln enthalten weit mehr Stärke, während diese im ausgehenden Winter bereits verstoffwechselt wurde und deutlich mehr Bitterstoffe sowie weißer Milchsaft vorhanden sind. In der Küche heißt das, dass Herbstwurzeln nahrhafter und weniger bitter sind und ihr Putzen nicht so deutliche Spuren auf Fingern oder Handschuhen hinterlässt. Es heißt aber auch, dass sie in Marinaden die Brühe trübe machen. Sie eignen sich besonders für Rezepte wie auf den Seiten 96 oder 107.

Marinierte Löwenzahnwurzeln,
Rezept S. 96

Dagegen sind die Fastfrühlingswurzeln so bitter, dass sie gut gewässert werden sollten, bevor sie in Speisen zubereitet werden, gern bis zu **30 Minuten**. Die Putzerei für eine genügend große Menge dauert ohnehin etwas und solange sie währenddessen in immer mal wieder frischem Wasser baden, ist alles gut. Und es ist ratsam, beim Säubern tatsächlich Küchenhandschuhe zu tragen. Zeitige Frühlingswurzeln eignen sich besser für Rezepte wie auf den Seiten 98 oder 114.

Immer aber haben Löwenzahnwurzeln eine sehr kurze Garzeit, vergleichbar etwa der von Pastinaken und weit kürzer als die von vergleichbar dicken Möhrenstücken. Es genügt also normalerweise, sie anzubraten, ohne sie vorher blanchieren zu müssen. Für die Verarbeitung in Eintöpfen, das Marinieren und ähnliche Verwendungen sortiere ich die Wurzelstücke bereits beim Putzen in drei Schüsseln für verschiedene Dicke: etwa bleistiftdick, dicker und dünner. In den Eintopf kommen sie einfach zuletzt und nacheinander, wobei die dünnsten gar nicht mehr kochen dürfen. Zur Vorbereitung zum Marinieren werden die dicksten in der Schüssel mit reichlich kochendem Wasser übergossen, die mittleren gibt man 1 bis 2 Minuten später zu, die dünnen folgen noch später. Die Marinade sollte dann nur etwas mehr als handwarm sein.

Die **Blüten** sind normalerweise viel

schneller geerntet als verarbeitet, denn für die meisten Süßspeisenzubereitungen müssen die gelben Röhrenblüten ausgezupft werden. Nur bei der Sirup-Herstellung habe ich entgegen anders lautender Rezepte gute Ergebnisse, wenn die ganzen Blüten verwendet werden. Dabei muss jeder beim Auszupfen seine eigene Technik finden, um nur eine Hand mit dem Kautschuk zu verkleben, der aus dem weißen Milchsaft entsteht und die andere später schwarz-gelb von der klebrigen Nektar-Pollenmischung zu haben. Überschätzen Sie beim Ernten ihr Durchhaltevermögen und auch den Materialbedarf für ein einfaches Rezept nicht, ein halbes Litermaß voll ist trotz klebriger Finger viel schneller

gezupft, als es hier klingt – vor allem gemeinsam.

Da Löwenzahn in Speisen nur noch so viel Bitterstoffe enthalten soll, dass er wohlschmeckend ist, kann er unseren Körper zwar positiv beeinflussen, für medizinisch wirksam sollte man dieses Potenzial aber nicht halten. Wird er als Medizin gebraucht, muss man sich auch an die entsprechenden Zubereitungen und Mengen halten, dafür darf er in Speisen so oft und in so großen Mengen genossen werden, wie man Appetit darauf hat. Wer auf sich selbst hören kann, dem zeigt der Wohlgeschmack die richtige Dosierung.
Eine *Einschränkung* gilt aber für die

Herbstwurzeln, denn an die Menge Inulin, die man verträgt, sollte man sich herantesten. Bei manch einem, vor allem Menschen mit Fructose-Intoleranz, könnten sonst heftige Blähungen die Folge sein, weil dieses Stärkemolekül nicht schon im Magen, sondern erst im Darm aufgespaltet wird. Also lieber häufig wenig als zu viel auf einmal davon verspeisen, auch wenn es schmeckt!

Löwenzahn in der Küche – Rezepte

Gebratener Knospen-Dinkelreis

200 g Dinkel
1 Zwiebel ❋ 1 Möhre
1 Apfel ohne Kerngehäuse
100 g Schinken
Öl zum Braten
50 ml Gemüsebrühe
½ Tasse Bärlauchknospen
½ Tasse Löwenzahnknospen
Salz ❋ Pfeffer
gemahlener Bockshornklee

Dinkel wie Reis in Salzwasser garen. Zwiebel, Möhre und Apfel schälen und wie den Schinken klein würfeln. Zwiebelwürfel in Öl glasig anschwitzen, Schinkenwürfel zugeben und mitbraten, Möhren zufügen und mit der Brühe ablöschen. Auf großer Flamme unter Rühren die Brühe einreduzieren, dann die Hitze herunterdrehen. Abgetropften garen Dinkel, Apfelstückchen und Knospen zugeben und alles unterheben. Kräftig würzen und noch etwas durchziehen lassen.

Dazu servieren wir gern ein Frühlingskräuterrührei.

Löwenzahnknospen-„Oliven" in Öl

*1 Litermaß voll feste Löwenzahnknospen ✻ 300 ml Weinessig (6 %)
2 EL Zucker ✻ 3 TL Salz ✻ (Oliven)Öl
2–3 Knoblauchzehen ✻ 1 Chilischote*

Aus 300 ml Wasser, Essig und Gewürzen einen Sud herstellen, abkühlen lassen, bis er etwa handwarm ist. Die trockenen Knospen damit begießen. Mit einem Unterteller bedecken, um sicher zu stellen, dass alle untergetaucht sind. Nach **4 Wochen** gut abseihen, in Schraubgläser füllen, sodass noch etwas Platz bleibt und bis oben mit dem Öl bedecken. So halten die „Oliven" bis zu einem halben Jahr.

Lauwarmer Löwenzahnblättersalat

4 Hand voll zarte junge Löwenzahnblätter, vor der Blüte geerntet
1 Zwiebel ❋ 2 EL Sonnenblumenkerne
etwas Sonnenblumenöl
1 EL Honig oder Löwenzahnsirup
etwas Apfelessig ❋ Salz ❋ Pfeffer

Löwenzahnblätter gut waschen, ggf. etwas wässern, um sie zu entbittern und in eine Schüssel geben. Zwiebel würfeln. Sonnenblumenkerne ohne Fett anrösten, Öl und Zwiebel zugeben, goldgelb braten, Honig zugeben und mit dem Essig ablöschen. Alles über den Salat geben und gut unterheben. Durchziehen lassen.

Löwenzahnblättersalat mit Rapunzeln, Walnüssen und Granatapfel

ca. 1 große Hand voll Rapunzeln
ca. 1 Strauß gebleichte Löwenzahnblätter (siehe S. 69/70)
1 fingerlanges Stück Porree
1 Apfel ohne Kerngehäuse
½ Tasse Walnüsse
1 großer Granatapfel
3 EL Apfelsaft
1 gestr. TL milder Senf
neutrales Öl
Salz ✻ Pfeffer

Rapunzeln verlesen, Löwenzahn zupfen, Porree in Ringe und Apfel in Würfelchen schneiden, alles gut ver-

mischen. Walnüsse hacken und ohne Fett anrösten, über den Salat geben. Granatapfelkerne herausklopfen, Saft dabei auffangen und die Kerne auf dem Salat anrichten.

Granatapfelsaft und alle restlichen Zutaten mit dem Mixstab zu einem cremigen Dressing verarbeiten und den Salat damit marinieren.

Lauwarmer Linsensalat mit gebratenen Löwenzahnwurzeln

1 Tasse Löwenzahnwurzelstücke
1 kleines Bund Schnittlauch oder Frühlingszwiebeln
1 Tasse Vogelmierespitzen
1 säuerlicher Apfel
3 EL Sonnenblumenkerne oder Haselnüsse ✻ 500 g rote Linsen
2–3 EL gewürfelter roher Schinken nach Geschmack
etwas Öl zum Braten

Dressing:

1 TL milder Senf ✻ 3 EL guter Apfelsaft
1 TL Apfelessig ✻ Salz ✻ Pfeffer
150 ml Sonnenblumenöl
gemahlene Bockshornkleesamen

Löwenzahnwurzeln gewaschen und zerschnitten noch **20 Minuten** wässern. Schnittlauch und Vogelmiere schneiden, Apfel ohne Kerngehäuse würfeln, Haselnüsse grob hacken und ohne Fett in einer Pfanne rösten und wieder abkühlen lassen. Linsen in Salzwasser garen und anschließend abschrecken, um den Garprozess zu unterbrechen (rote Linsen zerkochen sehr leicht und für einen schönen Salat sollte man achtgeben, sie auf den Punkt zu erwischen, mit Salz im Kochwasser ist das etwas einfacher).

Inzwischen alle Dressingzutaten gut miteinander verrühren und das Dressing abschmecken. Alle Salatzutaten mischen und mit dem Dressing marinieren. Löwenzahnwurzeln in etwas

Öl anbraten, Schinkenwürfel zugeben und kurz mitbraten, unter den Salat heben und noch lauwarm servieren.

Gratinierte Tomaten

500 g Tomaten
150 g Mozzarella
3–4 EL Balsamico
½ Tasse Löwenzahnknospen
3 EL Sonnenblumenkerne
50 g Butter
2 EL Honig oder Löwenzahnhonig, wenn vorhanden
*Salz * Pfeffer*

Tomaten halbieren oder in dicke Scheiben schneiden, in eine Auflaufform setzen, würzen und mit Balsamico beträufeln. Käse in Scheiben schneiden und auf die Tomaten setzen. Im Backofen auf der Mittelschiene bei **200 °C** ca. **10 Minuten** gratinieren.

Butter in einer Pfanne schmelzen und den Honig einrühren. Knospen und Kerne zugeben, würzen und durch Schwenken der Pfanne dafür sorgen, dass alles glasiert ist. Löffelweise auf den überbackenen Tomaten anrichten.

Marinierte Löwenzahnwurzeln auf Crostini mit Müritzer Käse

Marinade:

1 Knoblauchzehe
1 EL Senfsaat ✻ 1 TL Salz
1 EL Zucker ✻ Saft von ½ Zitrone
100 ml trockener Weißwein
100 ml Wasser

Crostini:

200 g Löwenzahnwurzeln
12 Scheiben Baguette
3 EL Tomatenmark
½ Staudenfenchel oder ein fingerlanges Stück Porree
250 g Müritzer Käse im Stück
Salz ✻ Pfeffer ✻ Thymian ✻ Rosmarin

Löwenzahnwurzeln waschen und grob schneiden. Für die Marinade den Knoblauch schälen und in Scheiben schneiden. Alle Zutaten miteinander erhitzen (nicht kochen) und über die Wurzeln gießen. Einige Zeit (am besten über Nacht) ziehen lassen.
Die Baguettescheiben toasten. Das Tomatenmark würzen und die Brotscheiben damit bestreichen. Abgetropfte Löwenzahnwurzeln und Fenchel klein schneiden. Müritzer Käse in kleine Würfel schneiden und zusammen mit den Kräutern und Gewürzen zum Gemüse geben. Gut mischen, abschmecken und auf die Brotscheiben verteilen. Im vorgeheizten Backofen bei **200 °C** etwa **5 bis 6 Minuten** backen.

Löwenzahnsemmelknödel

400 g altbackene Brötchen
300 g geriebener Gouda
1 Hand voll Löwenzahnwurzeln
1 Hand voll Löwenzahnblätter
1 Zwiebel ❋ 1 Knoblauchzehe ❋ Öl
200 ml Milch ❋ 4 Eier
Salz ❋ Pfeffer

Brötchen würfeln und in eine Schüssel geben, Käse zufügen. Löwenzahnwurzeln putzen und grob schneiden, Löwenzahnblätter waschen und grob schneiden, Zwiebel und Knoblauch würfeln. Zwiebeln und Knoblauch in etwas Öl anschwitzen, Löwenzahnwurzeln zufügen und mitdünsten, Blätter in die Pfanne geben und kurz mit zusammenfallen lassen. Milch dazugießen und die Eier unterrühren. Alles über die Brötchenwürfel geben, pfeffern und salzen und **10 Minuten** ziehen lassen. Mit nassen Händen gleich große Knödel oder Rollen formen, in Frischhaltefolie wickeln und in ganz leicht simmerndem Wasser im offenen Topf in ca. **20 Minuten** gar ziehen.

Die Knödel schmecken als Beilage zu deftigen Fleischgerichten mit viel Soße. Man kann sie aber auch in brauner Butter angebraten zu einem frischen Salat servieren.

Süße Lasagne mit Löwenzahnblüten-Mandelbéchamel

Nudelteig:
100 g Weizenmehl Type 405
100 g Hartweizengrieß
1 Ei

Béchamelsoße:
*½ l Milch * 2 EL Zucker*
*1 halbes Litermaß ausgezupfte pollenreiche gelbe Löwenzahnröhrenblüten * 30 g Butter*
30 g Weizenmehl
2 EL gemahlene Mandeln

Zum Verfeinern:
*frisches Obst * Rosinen*

Alle Zutaten solange gut verkneten, bis ein geschmeidiger Nudelteig entstanden ist, abdecken und eine **halbe Stunde** ruhen lassen. Dann zu dünnen Nudelplatten ausrollen und zurecht schneiden.

Für die Soße Milch, Zucker und Blüten miteinander verrühren, erhitzen und ziehen lassen. Butter in einer Pfanne schmelzen, Mehl einrühren und unter ständigem Rühren etwas ausquellen lassen. Nach und nach schluckweise mit Milch aufgießen (die Blütenblätter dürfen gern drin bleiben, müssen aber nicht) und kräftig weiterrühren, damit sich alles verbindet und keine Klumpen entstehen. Die Soße halbieren, in die eine Hälfte die Mandeln rühren.

Das Einschichten in eine feuerfeste Form mit einer Schicht Soße ohne Mandeln beginnen, dann abwechselnd Teigplatten und Soße mit oder ohne Mandeln einschichten und dabei aufpassen, dass keine Teigplatten trocken aufeinander liegen. Kleine Obststücke oder Rosinen können dabei nach Geschmack untergemischt werden, den Abschluss bildet eine Soßenschicht mit Mandeln. Die süße Lasagne ca. **20 Minuten** bei **180 °C** überbacken und als Dessert servieren.

Löwenzahnblüten-Orangen-törtchen mit Baiser

Für 1 Springform von 28 cm Ø

Boden:

250 g Mehl ❋ *125 g kalte Butter*
1 Ei ❋ *je 1 Prise Salz und Zucker*

Füllung:

1 cl Orangensaft
1 Kaffeetasse ausgezupfte Löwenzahnblüten ❋ *5 Eigelb* ❋ *3 Eiweiß*
1 EL Speisestärke ❋ *5 EL Schlagsahne*
100 g Puderzucker

Baiser:

3 Eiweiß ❋ *100 g Puderzucker*
1 EL Orangenschalenabrieb

Alle Zutaten für den Boden schnell zu einem glatten Mürbeteig kneten und **30 Minuten** kalt stellen. Dann ausrollen, in die Springform geben und einen Rand hochziehen. Backpapier und Hülsenfrüchte zum Blindbacken darauf geben und bei **200 °C 10 Minuten** vorbacken. Backpapier mit Erbsen herunternehmen und auskühlen lassen. Herd zurückdrehen.

Für die Füllung den Orangensaft erwärmen, mit den Blüten verrühren und ziehen lassen. Die Eigelb mit Stärke, Sahne und 50 g Puderzucker über einem heißen Wasserbad schaumig schlagen. Orangensaft mit Blüten einrühren. Die Eiweiß mit dem restlichen Puderzucker steif schlagen und unterheben. Alles gleichmäßig auf dem Boden verteilen und bei **150 °C** Umluft noch einmal **25 Minuten** backen. Wieder auskühlen lassen. Herd wieder hochheizen.

Eiweiß steif schlagen, bis sie glänzen, dann nach und nach den Puderzucker und schließlich den Schalenabrieb einarbeiten. Alles dekorativ auf der Füllung verteilen und bei **250 °C** noch **wenige Minuten** überbacken, bis das Baiser goldbraune Spitzen hat.

Wurzelkaffee-Panacotta

Inzwischen kommt der „Ersatzkaffee" aus Nachkriegstagen wieder in Mode. Wir trinken lieber richtigen, aber die heimische Variante verwenden wir sehr gern in allerlei Süßspeisen von hauseigenen Pralinen über Kuchenglasur bis zu Energiebällen aus Trockenobst. Werden Sie also kreativ, wenn die Panacotta gelungen ist!

Kaffeepulver:
1 Hand voll Löwenzahnwurzeln

Panacotta:
600 ml Sahne
4 EL selbstgemachtes Kaffeepulver
2 EL Zucker ✻ *3 Blätter Gelatine*

Die Wurzeln putzen, waschen, trocken reiben und in kaffeebohnengroße Stücke schneiden. An einem warmen Ort mehrere Tage lang trocknen, bis sie sich nicht mehr biegen lassen und beim Fallen leise klappern. Dann in einer unbeschichteten Eisen- oder Edelstahlpfanne ohne weitere Zusätze unter ständigem Rühren so lange rösten, bis sie zu duften beginnen. Abkühlen lassen und in einer klassischen Kaffeemühle mahlen.

Für die Panacotta die Gelatineblätter in kaltem Wasser einweichen. Sahne mit Kaffeepulver und Zucker aufkochen und kurz ziehen lassen. Die Gelatineblätter ausdrücken und in der heißen Sahne auflösen. Panacotta

in Portionsförmchen abfüllen, dabei achtgeben, dass der Kaffeesatz weitgehend im Topf bleibt. Vor dem Servieren mindestens **4 Stunden**, besser über Nacht kalt stellen.

Löwenzahnblütensirup

1 Litermaß voll frischer, pollenreicher Blüten
1 Zitrone ✻ *1 kg Zucker*

Reichlich 1 l Wasser aufkochen, über die Blüten gießen und etwa **10 Minuten** ziehen lassen. Dann abseihen und die Blüten gut ausdrücken. Zitrone auspressen, 1 l Sud abmessen,

Zitronensaft und Zucker zugeben und in einem großen, flachen Topf bis fast zum Kochen erhitzen. Nun muss der Sirup für **mehrere Stunden** so heiß gehalten werden, dass er dampft, um zu reduzieren. Dabei darf er zu keinem Zeitpunkt kochen, dann karamellisiert der Zucker, alles wird braun und bitter (das liegt dann nicht am Löwenzahn!). Spätestens nach **1 ½ Stunden** geringer Hitze muss man damit beginnen, regelmäßig zu rühren, damit es nicht kocht und nach **2 Stunden** kann man damit beginnen, regelmäßig die Konsistenz von ein paar Tropfen auf einem kalten Teller zu prüfen. Wenn der kalte Sirup einem goldenen Honig gleicht, der nicht mehr sofort vom Brötchen laufen würde, kann er in saubere Schraubgläser abgefüllt und verschlossen werden.

Dieser „Honig" eignet sich ebenso wunderbar aufs Frühstücksbrötchen wie zu Eierkuchen oder anstelle von Ahornsirup zu Pancakes mit Obst.

Tipp: Das Rezept ist ein Grundrezept, aber verdoppeln oder verdreifachen Sie die Menge besser gleich, der Sirup wird sicher Abnehmer finden!

Magenschnaps

3–4 Löwenzahnwurzeln,
im Frühling ausgegraben
1 Bio-Zitrone
½ Bund zarter Frühlings-Gundermann
1 EL Fenchelsamen
2 Sternanis
1 TL Wacholderbeeren
400 g dunkler Kandis
1,5 l Doppelkorn (38 % vol.)

Wurzeln waschen, trocknen und in grobe Stücke schneiden. Zitrone waschen, trocknen und ganz dünn die gelbe duftende Schale abschälen. Gundermann grob schneiden und die Gewürze im Mörser oder mit dem

Messerrücken grob andrücken. Alles zusammen mit dem Kandiszucker in ein entsprechend großes Ansatzgefäß geben. Den Doppelkorn hinzufügen, das Gefäß gut verschließen und das Ganze an einem kühlen dunklen Ort mindestens **sechs Wochen** reifen lassen. In dieser Zeit das Ansatzgefäß hin und wieder schütteln. Anschließend den fertigen Likör durch einen feinen Papierfilter oder ein dünnes Tuch abseihen. Den Magenbitter in gut verschließbare Flaschen abfüllen.

Eine Pflanze für Kinder

Immer wieder lade ich dazu ein, eine Pflanze, die wir zu kennen glauben, mal aus allen Perspektiven und mit allen Eigenschaften zu erkunden, sie am besten mit Kinderaugen zu sehen. Hier sind Anregungen, wie Sie mit Ihren Kindern, Enkeln oder der Kindergartengruppe im Frühling für einige Tage immer mal wieder auf das Thema Löwenzahn zurückkommen können.

Ein Rätsel:

Sonnen im Grün! -
Wenn sie verglühn,
schimmert ein Strahlenhaus
Silberner Seidenflaus.

Bläst du hinein,
stieben und schnein
Schwebende Lichte,
Winzige Wichte.

Fang sie und schau,
Besieh´s genau:
Drin träumen von Wonnen
schon künftige Sonnen!

Heinz Ritter

Pusteblumenwettpusten:

Wer schafft eine (oder mehr) Pusteblumen mit einem Atemzug komplett auszupusten?

Löwenzahnringelschwänzchen:

Löwenzahnblütenstiele werden mit dem Fingernagel von oben bis unten aufgeschlitzt oder mit dem Messer halbiert. Diese legt man in kaltes Wasser und im Nu werden Ringelschwänzchen daraus, denn die Stiele rollen sich im Wasser auf.

Löwenzahnstempelbilder:

Wenn der Löwenzahn seine Schirmchen davongeschickt hat, bleibt der kahle Blütenboden, mit dem sich prima stempeln lässt. Einfach auf das Stempelkissen drücken und los geht's, das werden Muster, Blümchen oder Käfer ...

Löwenzahnkleber:

Der Milchsaft trocknet nicht nur zu einer gummiartigen Masse aus und macht Flecken, er klebt auch.
Man kann z. B. versuchen, mit einem Klecks Löwenzahnmilch auf den Ohrläppchen Gänseblümchenohrringe anzukleben!

Löwenzahnwasserleitung:

Ein Plastikbecher oder besser eine halbe ausgehöhlte Orangenschale erhält am unteren Ende mit einem

dicken Nagel ein Loch und ein Löwenzahnblütenstiel wird mit dem dünnen Ende zuerst vorsichtig von innen durchgesteckt.
Um die Wasserleitung zu verlängern, dünne Stielenden in dicke stecken. Mehrere solcher Konstruktionen bilden Auffangbehälter und Weiterleitungen. Mit Gefälle aufstellen und den oberen Becher füllen ...

Färben mit Löwenzahn:

Wer sich mit Kindern an größere Löwenzahnexperimente wagen möchte, sollte einfach mal Wolle mit Löwenzahnblüten oder -wurzeln färben.
Dazu 200 g Wolle mit Alaun vorbeizen, dann 300 g Löwenzahnblüten oder 200 g saubere Löwenzahnwur-

zelstücke in 10 Litern Wasser aufkochen und über Nacht ziehen lassen. Abseihen und darin die Wolle für etwa **1 Stunde** bei **70 °C** halten, gelegentlich rühren.

Löwenzahnküche:

Auch wenn Kindern der Löwenzahn-„honig", wie ihn schon meine Oma machte, sicher noch heute gut schmeckt, fehlt beim gemeinsamen Zubereiten meist die Geduld, denn er darf ja nicht kochen, um nicht zu kandieren. Außerdem ist Zuckersirup beim Einreduzieren sehr heiß!
Mit Kindern sollte man im Rezept von Seite 110 den Zucker gegen Gelierzucker austauschen und Löwenzahngelee daraus machen.

Kranz binden:

Rechtshänder halten 3 Blüten Kopf an Kopf zusammen in der linken Hand. Eine weitere Blüte wird Kopf an Kopf senkrecht vor die Stiele angelegt, mit dem Daumen fixiert, der Stiel hinten herum nach oben geführt, zwischen den bisherigen Köpfen und dem neuen hindurchgeführt und vor der Blüte mit nach hinten zu den anderen Stielen in die Hand gegeben. So wird Blüte für Blüte hinzugefügt und der Kranz am Schluss mit einem Faden geschlossen.

Pflanzenexperimente:

Am Löwenzahn lässt sich im Vorfrühling wunderbar das Austreiben aus Speicherwurzeln beobachten: ein paar ausgegrabene Wurzeln in feuchtem Sand oder in Küchentücher gerollt aufs Fensterbrett stellen und jeden Tag beobachten.

Rezeptverzeichnis

Bildnachweis

Titelfoto: Shutterstock.com (Vaclav Volrab)
Innenfotos: S. 2, 15, 20/21, 25, 35, 39, 43, 48/49, 53, 61, 64/65, 67, 71, 125: Colourbox.de
S. 7, 13, 30/31, 79, 113, 119: Pixabay.de
S. 33: AnRo0002 (CC0 1.0)
Speisen und Getränke: S. 75, 85, 88, 91, 95, 101, 109, 115: Grit Nitzsche